Este libro pertenece a:
_____

Para Javi, Lara y Alex.
M.A.E

Para mis padres,
Néstor y Ana.
S.R.A.

www.MartaAlmansa.com
@martaalmansabooks

Copyright © 2023 Marta Almansa Esteva
Ilustraciones por Silvia Romeral Andrés
Primera publicación 2023
ISBN Tapa blanda: 978-1-915193-19-3
ISBN Tapa dura: 978-1-915193-20-9

Todos los derechos reservados. No se permite la reproducción total
o parcial de esta obra, ni su incorporación a un sistema informático,
ni su transmisión en cualquier forma o por cualquier método (electrónico,
mecánico, fotocopia, grabación u otros) sin autorización previa
y por escrito de la titular del copyright.

MENUDO DESASTRE

Marta Almansa Esteva

Silvia Romeral Andrés

¿Alguna vez te has preguntado cómo de desastroso puede ser un desastre? No me refiero a un poco de suciedad por aquí y por allá. Estoy hablando de un desastre serio, **por todos lados**.

Te presento a mi hermano Rob.
Tiene 6 meses y ya puede sentarse solito. Y créeme: quiere comer. Ha estado mirando cómo comíamos durante meses y él solo podía tomar leche.

Mi mamá dice que ahora Rob puede empezar a comer la misma comida que nosotros. Explorará los alimentos y aprenderá a comer a su propio ritmo.

Rob probablemente piensa que su barriga es tan grande como la de un dinosaurio y que le cabe toda la comida. Estoy segura de que su barriga **no es tan grande**.

Pero de todos modos, ese no es el problema de verdad. ¡El gran problema aquí es el desastre! **¡Ay, el desastre!**

¿Qué es una pequeña mancha aquí y allá?
Eso es un desastre para principiantes.
Rob hace **desastres profesionales**.

Estábamos almorzando el otro día y Rob empezó a lanzar espaguetis contra la pared. **¡Uno, dos, tres puñados de espaguetis** volaron y se quedaron pegados!

Pero eso no fue todo.
Luego decidió que añadir un poco de salsa de tomate era una buena idea.
Así que lanzó un poco también.

Otro día estábamos merendando yogur con fresas.

Al poco rato, ¡Rob parecía **Papá Noel**!
Tenía una barba blanca y fresas
rojas encima de su cabeza.

Una noche, mi mamá nos cocinó **pasta gigante**.
¡Era chulísima!

Tan chula que Rob decidió que la pasta era un sonajero. Empezó a cantar canciones mientras la pasta volaba por la cocina.

A mi papá le encantan los plátanos.
Come tantos y tan a menudo que estoy
segura de que le encantaría ser un mono.

Cuando Rob prueba alimentos por primera vez, ¡sus caras son muy graciosas! Creo que a Rob **no le gustan mucho** los plátanos. ¡Más para papá!

Rob tiene una taza para beber agua.
Cuando no tiene sed, puede ser un problema.

Le encanta hacer ver que es un bombero con una manguera.
Ese es un **desastre muy mojado**.

Ya ves, comer con Rob a veces puede ser un poco desastroso. Por eso usa un babero cuando come.

Un día olvidamos ponerle su babero para desayunar. Encontramos cereales entre los dedos de sus pies, en sus orejas y dentro de su pañal. **No fue muy bonito**.

Rob aún no sabe cómo usar una cuchara.
Juega con ella como si fuera un xilófono.
Lanza la cuchara para ver dónde cae.

Puede caer encima de la nevera o en el plato de comida del gato. **Nunca se sabe**.

El **desastre más desastroso** suele ser cuando come arroz. Los granos de arroz parecen estar jugando al escondite y siempre terminan en lugares extraños.

En los bolsillos de mamá. En los zapatos de papá. En mi nariz. **Ningún lugar está a salvo** cuando Rob está cerca y haciendo un desastre.

Cada día Rob aprende cómo comer, qué le gusta y qué no le convence todavía. Me ha hecho darme cuenta de que comer es un **trabajo duro**. Todos tenemos que aprender en algún momento.

Es muy divertido tener a Rob comiendo con nosotros en la mesa. Puede que haga desastres, **¡pero le quiero mucho!**

Mis padres dicen que yo también hacía desastres
cuando empecé a comer. ¡Pero mírame ahora!
Soy **una niña mayor**.

Uso mi tenedor y cuchara. Como todo tipo
de alimentos ¡y casi no hago desastres!
Rob solo necesita tiempo y práctica,
¡y mientras tanto **nos divertiremos juntos**!

¿Cuál es tu desastre favorito?

desastre muy mojado

desastre desastroso

desastre pequeñito

desastre inesperado

desastre por todas partes

desastre afrutado

¿Puedes encontrar tu desastre favorito en el libro?

¿Te ha gustado el libro? ¡Por favor, deja una opinión!

Milton Keynes UK
Ingram Content Group UK Ltd.
UKHW050630031123
431755UK00003B/48

9 781915 193209